BEI GRIN MACHT SICH IHR WISSEN BEZAHLT

AF167054

- Wir veröffentlichen Ihre Hausarbeit, Bachelor- und Masterarbeit

- Ihr eigenes eBook und Buch - weltweit in allen wichtigen Shops

- Verdienen Sie an jedem Verkauf

Jetzt bei www.GRIN.com hochladen und kostenlos publizieren

Pädagogische Konzepte und Interventionen. Grundlagen der Pädagogischen Psychologie

Lena Haas

Bibliografische Information der Deutschen Nationalbibliothek:

Die Deutsche Nationalbibliothek verzeichnet diese Publikation in der Deutschen Nationalbibliografie; detaillierte bibliografische Daten sind im Internet über http://dnb.d-nb.de abrufbar.

ISBN: 9783346547965
Dieses Buch ist auch als E-Book erhältlich.

© GRIN Publishing GmbH
Nymphenburger Straße 86
80636 München

Druck und Bindung: Books on Demand GmbH, Norderstedt Germany
Gedruckt auf säurefreiem Papier aus verantwortungsvollen Quellen

Das vorliegende Werk wurde sorgfältig erarbeitet. Dennoch übernehmen Autoren und Verlag für die Richtigkeit von Angaben, Hinweisen, Links und Ratschlägen sowie eventuelle Druckfehler keine Haftung.

Das Buch bei GRIN: https://www.grin.com/document/1154712

Einsendeaufgabe

Pädagogische Konzepte und Interventionen – Grundlagen der Pädagogischen Psychologie

SRH Fernhochschule – The Mobile University

Studiengang: B. Sc. Psychologie

Von

Lena Haas

Inhaltsverzeichnis

Inhaltsverzeichnis 2

Abkürzungsverzeichnis 3

Tabellenverzeichnis 3

1. Theoretische Grundlagen pädagogischer Konzepte **4**

    1.1 Pädagogische Psychologie 4

    1.2 Lernen und Lehren 4

    1.3 Pädagogische Konzepte 5

    1.4 Berührungspunkte sonstiger Wissenschaftsbereiche 6

2. Konstruktivistisches Lernen **8**

    2.1 Konstruktivismus 8

    2.2 Merkmale und Lernumgebung 9

    2.3 Lerntheorien 9

    2.4 Beispiel: Das konstruktivistische Erlernen von Sozialverhalten 10

3. Evaluation pädagogischer Konzepte **12**

    3.1 Evaluation 12

    3.2 Beispiel: Evaluation von „Fit for Life" im Bildungsalltag 12

        3.2.1   Kurzbeschreibung des Konzeptes 12

        3.2.2   Wissenschaftliche Übertragung 13

        3.2.3   Analyse des Sozialtrainings 14

Literaturverzeichnis 16

Abkürzungsverzeichnis

u.a.   unter anderem

SOL   Selbstorganisiertes Lernen

SRL   Selbstreguliertes Lernen

engl.   englisch

v.a.   vor allem

k.A.   keine Angaben

Tabellenverzeichnis

Tabelle 1: Pädagogische Konzepte 5

1. Theoretische Grundlagen pädagogischer Konzepte

In dem ersten Kapitel dieser Ausarbeitung sollen die theoretischen Grundlagen pädagogischer Konzepte erläutert werden. Hierzu wird vorab in Unterkapitel 1.1 eine übersichtliche Darstellung der Pädagogischen Psychologie erfolgen. Anschließend wird in Unterkapitel 1.2. die Bedeutung von Lernen und Lehren näher erläutert. Das darauffolgende Unterkapitel 1.3 behandelt drei etablierte theoretische Konzepte der Pädagogik. In Unterkapitel 1.4 werden abschließend mögliche Berührungspunkte zu sonstigen Wissenschaftsbereichen vorgestellt.

1.1 Pädagogische Psychologie

Die Pädagogischen Psychologie deckt ein breites Spektrum der zwischenmenschlichen Interaktion unterschiedlicher sozialer Rollenbilder ab. Die hierdurch entstandenen Wirkungsbereiche erstrecken sich über die Vorgänge des Lehrens und Lernens, der Motivation bis hin zur Diagnostik und Intervention. Aus diesem Grund werden der Pädagogischen Psychologie insbesondere die Einflussebenen der Bildung und Erziehung zugeordnet. Diese setzen sich aus den Fachbereichen Lern-, Persönlichkeit-, Entwicklungs- und Sozialpsychologie zusammen (Nungäßer, 2017, S. 19). Innerhalb dieser Fachrichtungen können unterschiedliche Schwerpunkte festgelegt werden, welche u.a. das Lernverhalten oder störungsspezifische Auffälligkeiten von Kindern und Jugendlichen untersuchen. Auf der Grundlage theoretischen und empirischen Handelns werden Unterstützungsmöglichkeiten herausgearbeitet, welche förderbedürften Individuen nachhaltig die Bewältigung von Problemsituationen ermöglichen können (Schuster, 2017, S. 2).

1.2 Lernen und Lehren

Unter dem Begriff des Lernens sind diverse Definitionen zu finden, welche alle die Aspekte der Aneignung von Wissen und Fähigkeiten beinhalten. Der Aufbau bzw. die Erweiterung vorhandener Ressourcen kann in unterschiedlichen Kontexten der Erziehung und Bildung sowie der Sozialisation erfolgen. Hierbei wird deutlich, dass die Weiterentwicklung eines jeden Individuums kontinuierlich fortgesetzt und gefördert werden kann und keiner bestimmten Alterskategorie untergeordnet ist (Metzig & Schuster, 2020, S. 23)

Die Aneignung von Wissen (als begrifflicher Indikator für Lernerfolg) kann u.a. von den Faktoren der Intelligenz, des Vorwissens, der Motivation, den Persönlichkeitsmerkmalen und Lernbedingungen (z.B. Unterrichtsform) abhängig sein (Wild & Möller, 2020). Erfolgt das Lernen durch externe Hilfestellung bzw. Einflussnahme von außen, so wird der Lernvorgang durch eine Lehrperson begleitet oder gesteuert. Hieraus wird deutlich, dass es sich um einen Prozess handelt, welcher primär des beidseitigen Einflusses bedarf. Dabei kann das Lernen ebenfalls von einem Individuum durch Eigeninitiative ohne Fremdeinwirkung erfolgen (Selbstaneignung), d.h. es werden zeitgleich beide Rollen übernommen (Interpretation des vorhandenen Datenbestandes). Lernen, sowie auch das damit verbundene Lehren, kann demnach anhand unterschiedlicher theoretischer Paradigmen stattfinden. Insbesondere dem Lernen von Verhaltensweisen wurde ein hohes Forschungsinteresse gewidmet, woraus zwei bekannten Strömungen entstanden: „Lernen durch Konditionierung" (Behaviorismus) und das „sozial-kognitive Lernen" (Konstruktivismus). Hierbei handelt es sich in erster Linie um das Reagieren bzw. Verarbeiten eines Reizes begleitet von einer Reaktion (Strobach & Wendt, 2019, S. 23). Die Ansätze des Behaviorismus gelten inzwischen als veraltet und finden demnach heute keine gezielte Verwendung im pädagogischen Alltag. Wohingegen den theoretischen Erkenntnissen von u.a. Albert Bandura (1925-2021) seither eine hohe Aussagekraft zugesprochen wird (Rauthmann, 2017, S. 116-117).

1.3 Pädagogische Konzepte

Die Pädagogik verfügt über unterschiedliche Konzepte und Verfahrensweisen. Diese dienen der obligatorischen Arbeitsanweisung pädagogischen Handelns. Des Weiteren können sie als Orientierungsgrundlage für Erziehungsberechtigte bei der Suche einer geeigneten Betreuungs-/Bildungseinrichtung dienen. Die folgende Tabelle zeigt ausgewählte Beispiele pädagogischer Konzepte mit ihren signifikanten Merkmalen.

Pädagogisches Konzept	Merkmale
Fröbelpädagogik (Friedrich Wilhelm August Fröbel) [1782-1852]	Kindliche Eigenverantwortung, freies Spielen, Kreativitätsförderung, selbstständiges Denken
Montessori-Pädagogik (Maria Montessori) [1870-1952]	Selbstständigkeit und Eigenständigkeit, Sprachentwicklung, Lerntechniken, Alltagseigenschaften

Reggio-Pädagogik (Norditalien, nach 2. Weltkrieg)	Individuelle Entfaltung der Persönlichkeit, Kreativität und Musikalität
Waldorfpädagogik (Rudolf Steiner) [1861-1925]	Natur, themenspezifischer Ablauf (Jahres-/Tageszeit), individuelle Lern- und Entwicklungsprozesse

Tabelle 1: Pädagogische Konzepte (Quelle: Eigene Darstellung; Grundlagenkenntnisse)

Obgleich eine Abgrenzung zwischen den einzelnen konzeptuellen Herangehensweisen im Betreuungs- und Erziehungsverständnis vorhanden ist, schließen sie keine Überschneidungen und Gemeinsamkeiten im pädagogischen Alltag aus. Eine Symbiose aus unterschiedlichen Merkmalen wird insbesondere in ungebundenen Einrichtungen angestrebt, um hierdurch die bestmögliche Förderung für jedes Individuum zu erreichen. Die Konzepte haben aufgrund ihrer Gründer:innen unterschiedlichen Bekanntheitsgrad erlangt und existieren daher eigenständig (insbesondere Montessori und Waldorf). Grundlegend muss eine verständliche Definition der pädagogischen Überzeugungen vorliegen, welche zum Teil auf historisch-empirischen Untersuchungen und Erkenntnissen aufbauen. Unterschiedliche Einflussfaktoren, wie z.B. der politische Führungsstil, die Weltanschauung oder die gesellschaftlichen Strukturen tragen hierzu nachhaltig bei (Interpretation des vorhandenen Datenbestandes). Ein Konzept besteht demnach aus einer schriftlichen Reproduktion pädagogischen Handelns einer bestimmten Institution, welche nach festgelegten Verfahrensweisen (Methodik) einer ausgewählten Zielgruppe zur Verfügung gestellt wird (Nungäßer, 2017, S. 32).

1.4 Berührungspunkte sonstiger Wissenschaftsbereiche

Der psychologische Zweig der Pädagogischen Psychologie schließt bereits ein weites Spektrum weiterer psychologischer Fachrichtungen mit ein, welche ebenfalls ihre Verknüpfungen in anderen Wirkungsebenen in (außer-)psychologischen Kontexten wiederfinden (Meseth, Casale, Tervooren & Zirfas, 2019, S. 72). Durch die bereits erfolgte Beschreibung der pädagogisch-psychologischen Konzepte wurde ersichtlich, dass die Pädagogik, als eigenständige Disziplin, eine einflussreiche Wissenschaft darstellt. Die Pädagogik unterscheidet sich von der (Pädagogischen) Psychologie in ihrer Betrachtungsweise auf den Menschen (Klafki, 2020, S. 144).

Während die Pädagogik sich gezielt mit den Kernfragen der Bildung und Erziehung beschäftigt, liegen die Untersuchungsfragen der Psychologie in dem Verhalten und Erleben eines Individuums. Aus diesem Grund ist die Pädagogische Psychologie, in ihrer vorwiegend ganzheitlichen Sicht, eine fortschrittliche übergeordnete Vereinigung vieler Teilbereiche (Interpretation des vorhandenen Datenbestandes). Eine weitere historisch tief verankerte Wissenschaft stellt die Philosophie dar (Bach, 2019, S. 1). Ihre berühmten Vertreter:innen wie u.a. Jean Jacques Rousseau (1712-1778), Friedrich Fröbel (1782-1852) oder Maria Montessori (1870-1952) sind hier für ihre Lebenswerke hervorzuheben. Die primäre Untersuchungsfrage der Philosophie dient der Erklärung der (menschlichen) Existenz. Daraus werden die Verknüpfungen zwischen den Wissenschaftsbereichen erkennbar. Liegt, wie in dem Fall der oben genannten Persönlichkeiten, zudem eine spezifische Schulung in diversen Wissenschaftsbereichen der Philosophie, Pädagogik, Soziologie und/oder Psychologie vor, so eröffnet dies einen weiten Blickwinkel über den Menschen.

Zusammenfassung

Die Pädagogische Psychologie ist eine Symbiose aus unterschiedlichen Teilbereichen. Hierbei wird ein umfassendes Bild des Menschen erschaffen, um möglichst viele Determinanten erforschen zu können. Zielführend ist es, anhand etablierter theoretischer Konzepte, einen Lernprozess zu begleiten bzw. zu fördern oder im therapeutischen Kontext eine Aufbesserung der Lebenssituation zu erreichen. Dies entspricht dem klassischen Vorgehen in Erziehungs- und Bildungseinrichtungen. Zu den bekanntesten pädagogischen Konzepten zählen die Montessoripädagogik (Maria Montessori) und die Waldorfpädagogik (Rudolf Steiner). Diese bestehen aus einer schriftlichen Reproduktion pädagogischen Handelns einer bestimmten Institution, welche nach festgelegten Verfahrensweisen (Methodik) eine ausgewählte Zielgruppe betreut, erzieht und unterrichtet. Sowohl die Pädagogische Psychologie als auch ihre in Verbindung stehenden Wissenschaftsbereiche wie die Pädagogik, die Philosophie und Psychologie haben eine signifikante Gemeinsamkeit – Alle stellen den Menschen, das Individuum, mit seinen Bedürfnissen und Eigenschaften in den Mittelpunkt.

2. Konstruktivistisches Lernen

Das folgende Kapitel beinhaltet die Beschreibung des Konzepts des „Konstruktivistischen Lernens". Hierfür erfolgt zunächst in Unterkapitel 2.1 eine allgemeine Beschreibung des Konstruktivismus. Anschließend wird in Unterkapitel 2.2 das Konstrukt in seinen einzelnen Bestandteilen näher erläutert. Zusätzlich werden im Unterkapitel 2.3 die dazugehörigen Lerntheorien aufgeführt. Anhand eines Anwendungsbeispiels in Unterkapitel 2.4 wird ein abschließender Transfer ermöglicht.

2.1 Konstruktivismus

Der Konstruktivismus behandelt die Wörter „Wahrheit", „Realität" und „Wirklichkeit" als Synonyme, obgleich in anderen Fachbereichen ein differenzierter Umgang mit den Begrifflichkeiten vorgesehen ist.

Die Bezeichnung des Konstruktivismus ist ein Sammelbegriff, welcher verschiedene erkenntnistheoretische Aufzeichnungen zusammenfasst. Hierbei handelt es sich um die Beschreibung bzw. Erklärung der menschlichen Wahrnehmung und damit verbundenen Lernprozessen. Die Vertreter:innen der in den 60er und 70er Jahren entstandenen Strömungen des konstruktivistischen Lernens gehen dabei davon aus, dass das Individuum seine Umwelt selbst konstruiert (Von der Assen, 2019, S. 9). Innerhalb der konstruktivistischen Forschungsweise gibt es diverse Gruppierungen, wie u.a. den Radikale Konstruktivismus oder den Pädagogischen Konstruktivismus, welche sich von den heutigen Ansichten weiterer erkenntnistheoretischer Theorien zum Teil stark unterscheiden können (Interpretation des vorhandenen Datenbestands). Zu den vorrangigen Kernaspekten des Radikalen Konstruktivismus zählen z.B.: 1. Das Gehirn ist semantisch erschlossen und kann somit die Wirklichkeit nur konstruieren (Realität = Fiktion), 2. Konstruktionen sind nicht anhand ihres Wahrheitsgehaltes zu erschließend, sondern betreffend ihres Pragmatismus im Alltag und 3. Eine direkte Einflussnahme pädagogischen Handelns im Lehrprozess wird aufgrund der standardisierten Vorgehensweise ausgeschlossen (Weiß & Zirfas, 2020, S. 153). Konstruktivistische Theorien behaupten demnach, dass lediglich ein subjektives Bild der „Realität" durch die eigene Wahrnehmung und Interpretation (u.a. von Faktoren der Intelligenz beeinflusst) durch die Interaktion mit der Umwelt erzeugt wird. Auf eine weitere Ausführung der Unterkategorien wird aufgrund des begrenzten Rahmens und der fehlenden Relevanz für die folgenden Konstrukterklärungen verzichtet.

2.2 Merkmale und Lernumgebung

Das „Konstruktivistische Lernen" ist ebenfalls unter den Begriffen des Selbstorganisierten bzw. Selbstregulierten Lernens (SOL/SRL), Selbstlernens, Kompetenzlernen oder dem Independent Learning (engl.) zu finden. Hierbei handelt es sich um den Wissenserwerb aus Sicht der Konstruktpsychologie. Anhand diverser Untersuchungen konnte ermittelt werden, dass u.a. Kinder eigenständig Ideen zur Problemlösung entwickeln können, wenn ihnen keine strengen Vorgaben gemacht werden (Neumayr, Baubin & Schinnerl, 2018, S. 158). Das Lernen erfolgt demzufolge selbstbestimmt bzw. autonom und unbewusst (Imhof, 2020, S. 49). Hierdurch wird ersichtlich, dass es sich um einen aktiven und selbst gesteuerten Kognitionsprozess handelt, welcher vermehrt im sozialen Kontext stattfindet (Interpretation des vorhandenen Datenbestandes). Eine strikte Trennung zwischen dem Einfluss der Selbst- und Fremdbestimmung ist nicht möglich, sodass hierbei vermehrt von überwiegender Bestimmung einer dieser beiden Steuerungsformen gesprochen werden sollte. Des Weiteren handelt es sich bei Lehr-/Lernprozessen, trotz verschieden stark ausgeprägten Steuerungsdominanzen, immer um Mischformen. Insbesondere in der Erwachsenenbildung wird das Selbstlernen vermehrt vorausgesetzt bzw. gefordert. Aufgrund dessen, dass das vorliegende Konstrukt keinen genauen Definitionen unterliegt und dennoch weite Bereiche der Pädagogischen Psychologie abdeckt, müssen ihre konzeptuellen Determinanten (z.B. Kognition, Volition, Motivation etc.) berücksichtigt werden (Schulz, 2020, S. 19-21).

2.3 Lerntheorien

Innerhalb des Konstruktivistischen Lernens etablierten sich unterschiedliche theoretische Ansätze, welche den Prozess differenziert beschreiben. Hierzu zählt zum einen das sogenannte „Ankerlernen" (Anchord-Instruction-Ansatz). Anhand authentischer Problemsituationen (v.a. audiovisuell) sollen eigene, zum Teil interdisziplinäre, Lösungen herausgearbeitet werden. Dies kann zudem im sozialen Kontext entstehen, sodass die entstehenden Problemlösungen einen Perspektivenwechsel ermöglichen (mebis-Redaktion, 2021). Das Ankerlernen fördert den Erwerb von Fähigkeiten und Fertigkeiten durch einen selbstgesteuerten Prozess. Zum anderen gibt es das „Flexible Lernen" (Cognitive-Flexible-Theorie). Zu den primären Bestandteilen zählen komplexe und realitätsgetreue Fallbeispiele, welche variabel und explorativ den Umgang mit Veränderungszuständen ermöglichen. Zielführend ist die Anwendung oder Erweiterung vorhandenen Wissens durch unterschiedliche und mehrdimensionale Problemsituationen.

Die Förderung der Multiperspektivität und dem damit verbundenen übertragungsfähigen Wissens stehen dabei im Vordergrund (Nungäßer, 2017, S. 77). Eine weitere Vorgehensweise ist das „Lehrende Lernen" (Cognitive-Apprenticeship-Ansatz), dessen Orientierungspunkte die Kognition, Psycho-Motorik und die Kompetenz darstellen. Der Lernvorgang findet unter authentisch konstruierten Situationen mit realitätsnahen Aktivitäten unter (minimaler) Anleitung und anschließender Reflexion mit den Lehrern statt (Methodenpool-Uni Köln, k.A.). Die Ausgangsform dieser Lernmethode wurde insbesondere durch die sozial-kognitive Theorie nach Albert Bandura (1925-2021) und dem von ihm entwickelten Konzept des Modelllernens geprägt.

2.4 Beispiel: Das konstruktivistische Erlernen von Sozialverhalten

Modellernen im Kontext: Sozialverhalten von verhaltensauffälligen Jugendlichen

Kurzbeschreibung des Modells: Übernahme von komplexen sozialen Verhaltensweisen, welche durch Beobachtung von fremdem und erfolgreichem Verhalten imitiert werden (Zeitpunkt variiert zwischen sofort und später). Das Reproduzieren des Verhaltens eines Modelles kann zwei unterschiedliche Ausgänge annehmen: prosozial oder antisozial. Während des Sozialisierungsprozesses findet Lernen bzw. Verhaltensaneignung durch Nachahmung eines Vorbildes, des sogenannten Modelles, statt. Diese Theorie schließt das Lernen durch Versuch und Irrtum aufgrund des sozialen Aspektes nicht mit ein (Hoyer & Knappe, 2020, S. 126).

Begriffserklärung: Unter delinquentem Verhalten wird antisoziales bzw. dissoziales Verhalten durch Verstoß gegen gesellschaftlich verankerte Normen sowie Gesetze eines Landes ohne Rücksichtnahme auf Konsequenzen für das Umfeld (Betroffene) verstanden. Die Einordnung des Rechtes orientiert sich dabei sowohl am Schweregrad des Tatbestandes, dem Lebensalter des potenziellen Täters sowie an dessen gegenwärtigen Entwicklungsstand (Lohaus, 2018, S. 181-182).

Praxis-Transfer: Innerhalb des konstruktivistischen Lernens etablierten sich bislang diverse Methoden, um erwünschtes Sozialverhalten von Jugendlichen aufzubauen. Zu den primären Maßnahmen zählen: die Prävention, Rehabilitation, Krisenberatung, klinische Intervention (z.B. Verhaltenstherapie) sowie die tiergestützte Intervention. Ein methodenübergreifendes Beispiel stellen sogenannte Sozialtrainings dar.

Fallbeispiel: Ein signifikanter Anteil von Schülerinnen und Schülern einer interkulturellen deutschen Schulklasse (8. Klasse), aus einem sozialschwachen Bildungsumfeld, weist im Schulalltag zunehmende Verhaltensauffälligkeiten auf. Diese äußern sich u.a. in Streitigkeiten [dissozial], Gewalthandlungen und Kriminalität [delinquent] (z.B. Diebstahl des Essensgeldes).

Vorzugsweise soll deshalb anhand eines validen Sozialtrainings eine Aufbesserung der vorhandenen Problematik erreicht werden. Die Schulleitung entschied sich dabei für die Durchführung des „Fit for Life" – Sozial- und Lebenskompetenz Projekts. Dieses Programm richtet sich insbesondere an junge Menschen mit ausgeprägten Verhaltensauffälligkeiten, welche sich in Aggression und/oder einer antisozialen Störung äußern können. Die Module und Arbeitsaufträge sind auf die sozialkognitive Lerntheorie nach Albert Bandura ausgerichtet. Alle Materialien dieses Projektes besitzen ein umfangreiches Spektrum zum Aufbau der Sozial- und Lebenskompetenz, welche u.a. die Selbstsicherheit und Kommunikation, Lebensplanung, Berufsqualifikation und den Umgang mit Lob und Kritik einschließt (Beltz, 2017). Wird das Training in einer größeren Gruppe angewandt, so erhöht es in gleichem Maße die Erreichbarkeit und Wirksamkeit für die Jugendlichen. Zielführend ist der Abbau antisozialen/delinquenten Verhaltens durch den Erwerb bzw. die Erweiterung prosozialer Kompetenzen für die zwischenmenschliche Interaktion.

Fallanalyse: Soziale Verhaltensauffälligkeiten oder Störungen können sich bereits vor Beginn der Adoleszenz entwickeln und bedürfen deshalb einer zeitnahen Intervention. Werden Aggressionspotenziale (gegen sich selbst, belebte und/oder unbelebte Objekte) festgestellt, so kann eine Störung des Sozialverhaltens (SSV) zugrunde liegen (Stier, Weissenrieder & Schwab, 2018, S. 357). Kinder und Jugendliche mit erhöhtem Förderbedarf erleben zumeist eine Expansion ihrer Verhaltenskonflikte, wenn diese von einer geringen Frustrationstoleranz begleitet werden (Kaplan & Roos, 2021, S. 328). Durch das Sozialtraining lernen die Jugendlichen beide Rollen (Beobachtenden und Modell) und ihre gegenseitige Einflussnahme kennen.

Zusammenfassung

Der Konstruktivismus behauptet, dass das Individuum lediglich ein subjektives Bild der „Realität" (durch eigene Wahrnehmung und Interpretation von u.a. Faktoren) konstruiert und demnach seine Umwelt nicht objektiv interpretieren kann. Das konstruktivistische Lernen, welches den Wissenserwerb in überwiegender autonomer Selbstorganisation beschreibt, findet zudem in diversen (nicht-)psychologischen Kontexten seine Verwendung, sodass der hohe empirische Stellenwert anerkannt werden muss. Die Entwicklung eines etablierten konstruktivistischen Lernkonzeptes gelang Albert Bandura durch seine sozial-kognitive Theorie. Das Konstrukt des Modelllernens vereint alle Auffassungen, sodass sowohl die Autonomität als auch die Anleitungsprozesse durch, in dem Fall das Modell, berücksichtigt werden. Aus diesem Grund wurde dies auch in der Beschreibung des eigenen Beispiels aufgegriffen. Hierdurch ist ermöglicht worden, vorhandene Parallelen gegenüberzustellen und so prägnante Gemeinsamkeiten zu erschließen.

12

3. Evaluation pädagogischer Konzepte

Die vorliegende Ausarbeitung schließt mit einer Beschreibung der Evaluationsmöglichkeiten pädagogischer Konzepte ab. Dazu wird in Unterkapitel 3.1 der Prozess der Evaluation einleitend erläutert. Dieser wird in Unterkapitel 3.2 ausgehend des in Kapitel 2 (2.4) bereits beschriebenen selbstgewählten Beispielkonzeptes in seine Möglichkeiten eingeordnet und bewertet. Hierzu erfolgt in Unterkapitel 3.2.1 eine allgemeine Beschreibung des Konzeptes. Anschließend wird in Unterkapitel 3.2.2 das Konzept mit den Grundlagen der Evaluierung verglichen. In Unterkapitel 3.2.3 sollen diese Daten einer finalen Analyse unterzogen und in einen Gesamtzusammenhang bewertet werden.

3.1 Evaluation

Unter Evaluation wird zum einen die zielgerichtete Festlegung eines Sachwertes für u.a. frei wählbare Untersuchungsvariablen oder Maßnahmen verstanden. Zum anderen wird deren Überprüfung miteingeschlossen. Durch diese Diversität kann die Evaluation in vielen unterschiedlichen pädagogisch-psychologischen Kontexten stattfinden. Die Evaluationsforschung unterliegt den empirischen Richtlinien der Theorie, Methodik und Analyse. Eine Evaluation kann sich aufgrund verschiedener Grundvoraussetzungen unterschieden: global oder analytisch, isoliert, vergleichend oder kombiniert, summativ oder formativ sowie intern oder extern. Dies orientiert sich an der zu untersuchenden Forschungsfrage (Wild & Möller, 2020, S. 335-338).

3.2 Beispiel: Evaluation von „Fit for Life" im Bildungsalltag

3.2.1 Kurzbeschreibung des Konzeptes

Das Programm „Fit for Life" wurde für junge Menschen entwickelt und richtet sich insbesondere an Jugendliche mit ausgeprägten Verhaltensauffälligkeiten, welche sich in Aggression und/oder einer antisozialen Störung äußern können. Das Training beschäftigt sich mit der Steigerung sozialer Kompetenzen von Schülerinnen und Schülern aller Bildungsstufen/-formen.

Die hierfür konzipierten Materialien besitzen ein umfangreiches Spektrum der Sozial- und Lebenskompetenz, welche v.a. die Selbstsicherheit und Kommunikation, Lebensplanung, Berufsqualifikation und den Umgang mit Lob und Kritik einschließen (Beltz, 2017). Für eine Einsicht der Durchführungmaterialien (online Format) sind spezielle Zugangscodes erforderlich. Ebenso können diese als Printversion erworben werden. Eine Anwendung bzw. Ausführung durch ungeschultes Personal wird nicht empfohlen, um Fehlerquellen im Lernvorgang zu minimieren. Der vorliegende Projektname unterliegt keinem Patent, sodass diverse weitere Trainings, mit unterschiedlichen Spezifikationen (u.a. Fitnesstraining und Ernährungsberatung), diesen Namen ebenfalls tragen. Aufgrund des ausgewählten Einsatzgebietes (andere Einsatzfelder unbekannt) würde das Training eine präventive Maßnahme für bereits gefährdete Jugendliche im Bildungssystem darstellen.

3.2.2 Wissenschaftliche Übertragung

Die folgenden wissenschaftlichen Einordnungen sowie Interpretationen des vorhandenen Datenbestandes erfolgen nach den Grundlagenkenntnissen und den Erkenntnissen aus dem Modul-Studienbrief. Aus diesem Grund wird erst am Ende des Kapitels ein übergeordneter Quellenverweis angegeben.

Aufgrund dessen, dass es sich um ein bereits etabliertes Sozialtraining handelt, können einige der zu bewertenden Aspekte besser beurteilt und mit höherer Aussagekraft gedeutet werden. Über die Beweggründe der im Fallbeispiel (2.4) genannten Schule können nur Mutmaßungen angestellt werden. Ihr Ziel könnte es sein, eine **Praxisorientierte Evaluation** durchzuführen, um bereits vorhandene pädagogische Handlungsanweisungen für das Personal zu analysieren und folglich zu verbessern. Hierdurch kann eine Optimierung für den zwischenmenschlichen Umgang der Lehrkräfte sowie der Schülerinnen und Schüler untereinander durch erprobte Techniken ermöglicht werden. Zukünftige Konflikte werden im Anschluss sachgemäß gelöst sowie Strategien der Intervention in ihrer Anwendung vereinfacht. Es handelt sich hierbei um die **Äußere Evaluationsform**, da die Erstellung des Konzeptes bereits extern stattgefunden hat und die Anwendung in einem hierfür vorgesehenen Standort (Bildungseinrichtung) stattfindet. Das Programm „Fit for Life" kann in allen Bildungsstufen angewandt werden, sodass die Rahmenbedingungen für die Durchführung bereits festgelegt wurden. Das Problem, weshalb die vorgestellte Schule hieran teilnimmt, ist auf die potenzielle Steigerung der gewaltbereiten Verhaltensauffälligkeiten ihrer Schüler:innen zurückzuführen. Die Sicherstellung weiterer Qualitätsmerkmale wie der Arbeitsressourcen, -prozesse und -produkte unterliegt den Konzeptionisten. Es steht der Schule im Anschluss frei, weitere externe Maßnahme in Anspruch zu nehmen (Etat sowie Zeitmanagement muss individuell geprüft werden).

Vorhandene Rahmenbedingungen (Evaluationsgegenstände) beschreiben dabei zum einen die Zielvorgaben, das sozialen Lernen für Schüler:innen im (Bildungs-)alltag, Interventionsstrategien für das Lehrpersonal, die Überprüfung der gewünschten Verhaltensänderung der Jugendlichen, die Auswirkungen auf deren zwischenmenschlichen Umgangsformen sowie präventive Erfolge. Die Konzeptionisten des Programms können ihre Wirksamkeit mit jeder Durchführung bei Anpassung der Lehrmaterialien signifikant steigern und die Teilnehmererwartungen einordnen. Des Weiteren können sowohl die Schule als auch die Projektleitung über die anschließenden Verbesserungen im Alltag austauschen und hierdurch zu der Programmoptimierung für zukünftige Kursteilnehmer:innen beitragen. Als persönliche Zielsetzung könnte die Schule u.a. eine Reduktion der gemeldeten/registrierten Verhaltensauffälligkeiten mit Gewaltpotenzial überwachen und diese z.B., um die Hälfte zu minimieren. Die externe Zielsetzung könnte von den Konzeptionisten beurteilt werden. Ihr Ziel kann es sein, eine um X% verbesserte Schuldynamik für deutsche Schulen zu erreichen. Der gruppenbezogene Standard würde diese Veränderungen in beispielsweise einer Jahresübersicht vor und nach der Durchführung widerspiegeln können. Eine Evaluationsverwertung umschließt einen weiten Wirkungskreis. Für eine Schule kann dies als Indikator im Profil aufgeführt werden, d.h. als Qualitätsmerkmal für der Schule präsentiert werden.

3.2.3 Analyse des Sozialtrainings

Evaluationskriterien zur Evaluation des Sozialtrainings

Als formales Kriterium gilt die Definition des Konzeptes (durch die Projektleitung). Sowohl zu Beginn aus auch nach Beendigung des Trainings kann anhand eines Fragebogens der „Ist-Stand" abgefragt werden. Hierdurch lässt sich die Wirkung des Programms empirisch untersuchen. Zu den zu ermittelnden Determinanten zählen die Lerninhalte, die Lehrmethode und der Aufbau des Trainings. Diese Daten können dann in Korrelation betrachtet, ausgewertet und interpretiert werden. Demnach nehmen sowohl die Konzeptionisten als auch die Teilnehmer:innen (Jugendliche und Schule) an der Evaluation teil. Die Resultate können von der Projektleitung mit den anderen Kursteilnehmern (z.B. anderer Schulen) als auch von der Schule zwischen der teilnehmenden und den nicht teilnehmenden Klasse(n) analysiert und interpretiert werden. Die Erstellung eines solchen Fragebogens zur Überprüfung kann von beiden Interessenten (Konzeptionisten und Bildungseinrichtung) erfolgen und unterschiedliche sowie identische Interessensfragen enthalten (Nungäßer, 2017, S. 131-136).

Beispiel für Aspekte eines Fragebogens:

- Instruktion mit Befragungshintergrund: Fragebogen zur Überprüfung der Sozialkompetenz
- Testaufgaben: Fragen mit Themenbezug, Spannung und persönlichem Wert, welche sich technisch sowohl leicht bemessen als auch auswerten lassen, motivationsfördernder Aufbau durch „Eisbrecher- und Aufwärmfragen"
- Pretest: Zur Ermittlung eines Richtwertes
- Quantitative Datenanalyse: Hypothesenüberprüfung und Dateninterpretation

Zusammenfassung

Das letzte Kapitel konnte in seinen Unterkapiteln die Symbiose zwischen Theorie und Praxis abschließen. Hierfür wurde zunächst das Konzept der Evaluation in seiner allgemeinen Begriffsbestimmung erläutert. Anschließend konnte das Projekt in Unterkapitel 3.2 in seinen einzelnen Bestandteilen auf die theoretischen Aspekte der Evaluation übertragen und überprüft werden. Dies richtete sich in erster Linie an die theoretischen Grundlagen. Begonnen wurde damit, die einzelnen Ebenen einzuordnen und den Bezeichnungen aus dem Fallbeispiel (2.4) zuzuordnen. Eine finale Datenanalyse konnte aufgrund des fiktiven Beispiels nicht erfolgen, obgleich eine Durchführung möglich wäre. Auf weitere Ausführungen der einzelnen Aspekte wurde aufgrund des begrenzten Rahmens verzichtet.

Literaturverzeichnis

Buchquellen

Bach, C. (2019). *Pädagogik im Verborgenen – Bildung und Erziehung in der ästhetischen Gegenwart* (1. Auflage). Wiesbaden: Springer

Hoyer, J. & Knappe, S. (2020). *Klinische Psychologie & Psychotherapie* (3. Auflage). Berlin: Springer

Imhof, M. (2020). *Psychologie für Lehramtsstudierende* (5. Auflage). Berlin: Springer

Kaplan, A. & Roos, S. (2021). *Delinquenz bei jungen Menschen – Ein disziplinäres Handbuch* (1. Auflage). Wiesbaden: Springer

Klafki, W. (2020). *Geisteswissenschaftliche Pädagogik – Fünf Studienbriefe für die FernUniversität in Hagen* (1. Auflage). Wiesbaden: Springer

Lohaus, A. (2018). *Entwicklungspsychologie des Jugendalters* (1. Auflage). Berlin: Springer

Meseth, W., Casale, R., Tervooren, A. & Zirfas, J. (2019). *Normativität in der Erziehungswissenschaft* (1. Auflage). Wiesbaden: Springer

Metzig, W. & Schuster, M. (2020). *Lernen zu Lernen – Lernstrategien wirkungsvoll einsetzen* (10. Auflage). Berlin: Springer

Neumayr, A., Baubin, M. & Schinnerl, A. (2018). *Zukunftswerkstatt Rettungsdienst – Innovative Projekte im Rettungs- und Notarztwesen* (1. Auflage). Berlin: Springer

Nungäßer, R.-P. (2017). *Studienbrief: Pädagogische Konzepte und Interventionen (1330-01)* (1. Auflage). Riedlingen: SRH Fernhochschule

Rauthmann, J. F. (2017). *Persönlichkeitspsychologie: Paradigmen – Strömungen – Theorien* (1. Auflage). Berlin: Springer

Schulz, S. (2020). *Selbstreguliertes Lernen mit mobil nutzbaren Technologien – Lernstrategien in der beruflichen Weiterbildung* (1. Auflage). Wiesbaden: Springer

Stier, B., Weissenrieder, N. & Schwab, K. O. (2018). *Jugendmedizin* (2. Auflage). Berlin: Springer

Schuster, B. (2017). *Pädagogische Psychologie – Lernen, Motivation und der Umgang mit Auffälligkeiten* (1. Auflage). Berlin/Heidelberg: Springer

Strobach, T. & Wendt, M. (2019). *Allgemeine Psychologie – Ein Überblick für Psychologiestudierende und -interessierte* (1. Auflage). Berlin: Springer

Von der Assen, C. (2019). *Crash-Kurs Psychologie – Semester 2* (1. Auflage). Berlin: Springer

Weiß, G. & Zirfas, J. (2020). *Handbuch: Bildungs- und Erziehungsphilosophie* (1. Auflage). Wiesbaden: Springer

Wild, E. & Möller, J. (2020). *Pädagogische Psychologie* (3. Auflage). Berlin: Springer

Internetquellen

Baltz (2017). *Fit for Life* Zugriff am 01.06.2021, Verfügbar unter
https://www.beltz.de/fachmedien/sozialpaedagogik_soziale_arbeit/buecher/produkt_produktdetails/29837
-fit_for_life.html

Mebis-Redaktion (2021). *Arbeiten mit narrativen Ankern: Anchored Instruction, in: mebis –
Landesmedienzentrum Bayern* Zugriff am 10.09.2021, Verfügbar unter
https://www.mebis.bayern.de/infoportal/unterrichten-mit-digitalen-medien/arbeiten-mit-narrativen-
ankern-anchored-instruction/

Methodenpool-Uni Köln (k.A.) *Kurze Beschreibung der Methode* Zugriff am 10.09.2021, Verfügbar
unter http://methodenpool.uni-koelen.de/apprenticeship/frameset_apprenticeship.html